AF297896

MAISTRE
JEHAN CARANT

PROTOTYPOGRAPHE

de la Ville de Périgueux

PAR

A. DUJARRIC-DESCOMBES

VICE-PRÉSIDENT DE LA SOCIÉTÉ HISTORIQUE ET ARCHÉOLOGIQUE
DU PÉRIGORD

PARIS

IMPRIMERIE FOMMARTY & CIE

MOYE & MONTAUBÉRY, SUCC^{RS}

34, RUE DU FOUR-SAINT-GERMAIN, 34

1893

JEHAN CARANT

PROTOTYPOGRAPHE DE PÉRIGUEUX

C'est pour me rendre au désir d'un de mes amis que j'ai résumé, en ces quelques pages, tout ce qui a été écrit jusqu'à ce jour sur l'introduction de l'imprimerie à Périgueux. J'y ai ajouté le résultat de mes recherches personnelles : elles seront peut-être de quelque utilité à M. Claudin, libraire à Paris, dans ses études sur les débuts de l'imprimerie en province.

Aucun écrivain n'a tenté encore d'apporter un peu de lumière sur cet intéressant sujet. M. Fourgeaud-Lagrèze, qui seul ait osé l'aborder (1), s'est borné, en 1875, à mentionner le titre des trois ouvrages regardés comme étant les premiers sortis des presses périgourdines.

Quand la prise de Mayence en 1462 eut dispersé les premiers imprimeurs dans les diverses contrées de l'Europe, l'imprimerie ne tarda point à être introduite à Paris. Des typographes allemands, appelés par les docteurs de La Pierre et Fichet y établirent des presses dans les bâtiments de la Sorbonne et commencèrent à imprimer en 1470.

De là, l'imprimerie rayonna sur les provinces et se propagea avec une incroyable rapidité. On pressentait avec tant d'enthousiasme, selon la parole d'un de ses historiens, la révolution qu'elle allait opérer dans le monde, que les moindres cités réclamèrent des ateliers typographiques.

---

(1) *L'imprimerie en Périgord, ses origines, ses progrès et ses principales productions* (1498-1874), Ribérac, Condon.

Partout les imprimeurs étaient accueillis avec empressement, non seulement par les évêques et les plus hauts personnages, mais encore par le peuple, qui saluait en eux une puissance capable de l'arracher aux ténèbres de l'ignorance. Les villes de Lyon, Toulouse, Angers et Poitiers en furent pourvues les premières. Vinrent ensuite et presque en même temps Orléans, Angoulême, Bordeaux, Limoges et Périgueux. Beaucoup d'autres villes, parmi lesquelles on en compte d'importantes, n'eurent d'établissements typographiques que beaucoup plus tard comme La Rochelle, Agen et Marseille.

A l'exemple de Louis XI, qui entoura l'imprimerie naissante de privilèges, de franchises et d'immunités, les municipalités exemptaient les adeptes de l'art nouveau de diverses impositions et des nombreuses taxes imposées aux métiers. Ces marques de considération eurent pour effet de faire classer à la tête de la société la profession d'imprimeur, qui devint bientôt une des plus honorées de France.

Aussi vit-on des hommes remarquables à différents titres, avant d'entrer dans la carrière où ils devaient acquérir la célébrité, exercer la profession d'imprimeurs. Aimar de Ranconnet, pour ne citer que cet illustre compatriote, après sa sortie du collège de Périgord à Toulouse, s'estima heureux, clerc sans réputation, d'être admis à travailler comme correcteur chez Robert et Charles Estienne, position qui lui permit de faire apprécier ses capacités.

Le Périgord qui, à tous les âges de l'histoire, a participé à la propagation des lumières, n'attendit point l'expiration du siècle dont le déclin avait vu naître l'imprimerie, pour en profiter à son tour.

Nos pères surent apprécier la portée d'une découverte qui allait rendre populaire la science jusque-là réservée à un petit nombre. Et depuis, cette faveur ne s'est jamais démentie ; car, sans parler du succès avec lequel il l'a pratiqué, le Périgord n'a cessé de donner des témoignages de son admiration à cet art merveilleux dont la poésie et l'histoire ont à l'envi célébré les bienfaits.

On me saura gré peut-être de rappeler ici cette ode adressée par Lagrange-Chancel à l'imprimeur de ses *Œuvres* complètes, dont la strophe suivante est digne d'être retenue :

> Par cette heureuse découverte,
> Chefs-d'œuvre de l'antiquité
> Dont les savans pleuroient la perte,
> Votre éclat fut ressuscité.
> Un livre unique dans le monde
> Reçut de la presse féconde
> Des essaims de frères jumeaux,
> Et pour les lettres fortunées
> L'ouvrage de peu de journées
> Valut des siècles de travaux (1).

Enfin, un ancien député et sénateur de la Dordogne, M. Paul Dupont, non content de perpétuer dans sa famille la noble profession d'imprimeur, a élevé en l'honneur de son art un monument digne de son glorieux passé (2).

I

L'imprimerie fut-elle apportée directement d'Allemagne à Périgueux, comme elle le fut à Bordeaux, en 1486, par le libraire Souabe Michel Svierler ? Je suis fort tenté de le croire.

Le premier imprimeur établi à Périgueux s'appelait « maistre Jehan Carant ». C'est ainsi qu'il est désigné dans les registres mémoriaux de l'Hôtel-de-Ville.

Il ne serait point surprenant qu'il fût d'origine allemande et qu'ayant obtenu des lettres de naturalité et d'habitation, grâce à la faveur accordée aux premiers imprimeurs, il eût francisé le nom de Crantz en celui de Carant, qu'il imprimait tantôt avec un *a* dans la seconde syllabe, tantôt avec un *e* : variation qui pourrait servir à prouver qu'il n'était pas très bien fixé sur la manière de l'orthographier. Ce ne serait point d'ailleurs le seul

(1) *Ode à mon imprimeur sur la nouvelle édition de mes ouvrages et sur l'utilité de l'imprimerie,* 1758.

(2) *Histoire de l'imprimerie,* Paris, 1854, 2 volumes.

exemple d'un imprimeur allemand qui, par suite de l'altération de son nom, aurait été considéré depuis comme français.

Peut-être était-il un des élèves de ce Jean Heynlin, dit de La Pierre, prieur de Sorbonne, qui succéda en 1469 à Guillaume Fichet dans le rectorat de l'Université de Paris. Ce fut alors que ces deux amis firent venir en France les premiers imprimeurs qui y aient exercé l'art typographique. En 1482, La Pierre entra dans l'ordre des Chartreux : mais en renonçant au monde, il ne renonça pas aux lettres qu'il continua à favoriser jusqu'à la fin de ses jours.

Il avait enseigné la philosophie d'Aristote à Bâle, où il publia en 1492 le plus connu de ses ouvrages sur la solution des doutes concernant la messe. N'était ce point pour rendre hommage à la mémoire de son ancien maître que Jean Carant débuta à Périgueux par une nouvelle édition de ce traité de théologie, qu'un chanoine théologal de Périgueux, Jean Talpin, devait refaire plus tard ?

Avant l'imprimerie, Périgueux avait eu ses copistes et enlumineurs, travaillant à la confection des manuscrits. Dès 1478, le sieur Luquain reliait les livres nouveaux dans sa boutique de la rue Limogeanne, tandis que s'établissaient les librairies. Les archives municipales ne nous ont transmis que les prénoms des premiers libraires, Pierre et Guy. Rien ne s'oppose à prétendre qu'ils réclamèrent un établissement d'imprimerie qui manquait à la ville

A cet égard Périgueux fut mieux favorisé que la capitale de la Guyenne, où l'imprimerie se traîna misérablement jusqu'à l'arrivée en 1572 de Simon Millanges, dont l'atelier typographique devint par le nombre et la perfection de ses publications l'égal des ateliers les plus célèbres.

On ignore si, comme les jurats de Bordeaux, les consuls de Périgueux rédigèrent un traité pour régler les conditions de l'installation d'une imprimerie.

Quoi qu'il en soit, Me Jean Carant réussit au-delà de toute espérance. Je n'ai pu découvrir dans quelle partie de la ville il établit ses presses, qui lui valurent bientôt une grande renommée.

Rien de plus simple que cet atelier primitif qui, en multipliant les livres, allait contribuer puissamment aux progrès de l'instruction publique en Périgord.

Les deux ou trois presses qui devaient le composer étaient d'un bois grossièrement travaillé. Des étançons ou des crochets en fer les fixaient solidement à la muraille de façon à résister aux efforts d'un ouvrier usant de toute sa force pour obtenir une pression suffisante. Aux divers caractères et à leurs matrices ajoutez un certain nombre d'accessoires de moindre importance, et vous aurez une idée du matériel d'une imprimerie à la fin du XVᵉ siècle.

Carant employa les « lettres de forme », c'est-à-dire les caractères gothiques, que Gutemberg et ses associés avaient mis à la mode, et que Simon de Coline et Robert Estienne contribuèrent à faire disparaître en les remplaçant par les caractères romains.

Dans les livres imprimés par Carant les initiales et les rubriques sont d'un beau rouge et leur repérage dénote l'expérience de l'imprimeur; le tirage des gravures sur bois y est aussi des mieux réussis, ce qu'on ne trouve pas chez les Berton, de Limoges.

Carant était sans doute assisté d'un maître et de plusieurs compagnons, tous assez instruits pour corriger les nombreux livres latins qu'il imprimait.

Les ouvrages sortis de ses presses sont tellement rares aujourd'hui et si difficiles à rencontrer, que je dois analyser ici avec quelque étendue ceux dont M. Fourgeaud-Lagrèze n'avait signalé que les titres.

II

Le premier volume authentiquement connu comme ayant été imprimé à Périgueux par cet habile industriel, l'a été en l'année même où naquit ce savant Ranconnet, regardé comme le représentant de notre province dans la grande révolution intellectuelle qui éclata au commencement du siècle suivant. Avant 1498, on ne connaît aucun autre ouvrage imprimé par Carant.

Le premier en date des produits de nos presses locales est, ainsi que je l'ai dit plus haut, le traité latin sur la messe de ce Jehan de La Pierre, qui fut le promoteur de l'introduction de l'imprimerie dans la ville de Paris.

Ce traité théologique, dont l'édition périgourdine n'a pas été connue des auteurs de la *Bibliotheca Cartusiana* (1) qui l'ont omise dans la liste des œuvres du P. de La Pierre, porte le titre suivant :

Resolutorium dubiorum circa celebrationem missarum occurrentium, per venerabilem patrem dominum Johannem de Lapide, doctorem theologum parisiensem, ordinis Cartusiensis, ex sacrorum canonum probatorumque doctorum sententiis diligenter collectum.
Impressum Petragoricensis per magistrum Johannem Carant.

Cet incunable est de format petit in-8°. Il est orné en tête d'une gravure xylographique d'une grande délicatesse, représentant des scènes de la vie de la Vierge en huit compartiments.

Le grand titre, les intitulés des chapitres et les titres courants sont en caractères assez gros; le texte est imprimé avec des caractères assez menus. De leur netteté on a conclu avec raison que ce n'était pas l'œuvre d'un débutant. Avant de venir à Périgueux le typographe avait dû se former à bonne école.

La perfection de son talent lui avait conquis une vaste réputation, et l'on s'adressa d'autant mieux à notre imprimeur périgourdin, que les imprimeurs étaient rares encore dans la région, ou n'osaient entreprendre des publications d'une certaine importance.

C'est ainsi qu'un prédicateur fameux de l'ordre des Carmes, le frère Jean Menauld, au lieu de s'adresser pour l'impression de ses œuvres théologiques à Limoges ou à Orléans, où il s'était fait entendre, ou à Bordeaux où se trouvait son couvent, eut recours aux presses de Périgueux. Peut-être était-il poussé aussi par un sentiment de patriotisme, car la localité de Rosiers, où il naquit et dont il a joint le nom terrien à son nom patronymique, est, au dire de quelques-uns, située dans le Périgord.

Mon collègue de la Société historique du Limousin, M. Louis Guibert, a raconté dans une intéressante étude (2) les déboires que suscitèrent à Menauld ses sermons dans lesquels il avait à Limoges, au mois d'avril 1492, devant une foule nombreuse, sou-

(1) Cologne, 1609, page 208.

(2) *Le prédicateur Menauld*, Limoges, Ducourtieux, 1883, br. in-18.

tenu des propositions contraires aux enseignements de l'Église. Afin d'échapper à la justice séculière saisie par l'official, il s'enfuit à Thiviers où, après des explications devant le lieutenant du sénéchal du Périgord et le procureur du roi, le carme put reprendre le cours de ses aventures.

Le souvenir de ses prédications peu orthodoxes n'entrava point la carrière du hardi religieux, que l'on retrouve à Orléans le 2 avril 1493, devenu provincial de son ordre pour la Gascogne, exposant dans la salle de l'école de droit devant une assemblée d'élite, au premier rang de laquelle figuraient le recteur et les docteurs de l'université, la doctrine générale de l'Église sur la confession.

Il fit imprimer sous le titre : *Expositio decretalis* ce discours d'une allure fort posée, chez Jean Carant, le 15 mai 1502.

Cette plaquette, où il s'intitule carme de Bordeaux et docteur en théologie de Paris, est précédée d'une épitre adressée par son disciple et ami frère Jean Du Puy à Mᵉ Bernard de Casamajor, carme de Paris et bachelier émérite.

Flatté du succès de sa conférence sur la confession, Menauld tint à la développer dans un traité complet sur la matière, dont il confia en même temps l'impression à Carant. Le rusé prédicateur en offrit la dédicace à un de ses anciens confrères des Carmes, l'évêque de Sisteron, Laurent Bureau, confesseur de Louis XII.

Ce manuel, sans originalité de style ni de pensée, est divisé en trois livres contenant ensemble 102 chapitres, qui traitent de la contrition et de la confession, des pénitences : les prières, les jeunes et les aumônes, enfin de la restitution. Il ne présenterait rien de curieux si, comme le fait remarquer M. Guibert, on n'y entendait un théologien, qui s'était exposé à une rétractation exigée par ses supérieurs, discourir sur les cas où il y a nécessité de faire expier un scandale par une pénitence publique.

En tous cas, le « révérend frère Menauld de Rosiers, théologien de Paris, docteur fameux de l'ordre des Carmes », ne manqua point de s'y faire une réclame pompeuse en annonçant son livre comme un excellent opuscule sur la pénitence et la rémission des péchés, où il est traité clairement des plus graves difficultés conformément aux plus subtiles discussions des modernes, ouvrage absolument indispensable à ceux qui ont charge d'âmes et entendent les confessions :

Reverendi fratris Menaldi de Rozariis, theologi parisiensis, doctoris clarissimi carmelite, de penitentiis et remissionibus egregium opusculum, graviores difficultates secundum modernorum argutissimas disquisitiones clarisimè complectens, curam animarum habentibus ac confessiones audientibus summè necessarium.

Petragore, Joh. Carent, 1502.

Cet opuscule est, comme le précédent, d'un format petit in-4°.

Les plus sérieuses commandes faites à Jean Carant lui vinrent de Cahors, où l'imprimerie ne devait être introduite qu'en 1586.

Ce diocèse avait alors à sa tête un pasteur vigilant et zélé pour le maintien de la discipline ecclésiastique, Antoine de Lusech. Il résolut en 1502 de faire imprimer les *ordinationes* et les *statuta* de l'église de Cahors, que Guillaume de Labroue, l'un de ses prédécesseurs mort en 1323, avait fait composer pour servir de guide à son clergé : mais cet écrit avait été dans la suite tellement altéré de toutes façons qu'une nouvelle édition, avec des corrections et des additions, était devenue nécessaire.

Ce fut l'objet des *Constitutiones synodales*, dont je dois la description à une communication de M. François Cangardel, bibliothécaire de Cahors.

Après une courte préface où il expose son but, Antoine de Lusech donne l'œuvre même de son prédécesseur, composée de 70 chapitres où sont traitées en latin, d'après les statuts anciens et nouveaux, les décisions des conciles provinciaux et des légats apostoliques, diverses questions de foi, de doctrine, de conduite et de discipline.

A la suite de ces explications sont reproduites les constitutions synodales de Cahors, édictées dans un concile provincial tenu à Bourges en 1286, et d'autres plus anciennes ; et, après la table des matières se trouve un appendice dans lequel sont rapportées d'autres constitutions synodales de Cahors réglées aussi à Bourges en 1336.

Ce n'est à proprement parler qu'une réédition revue, corrigée et augmentée des constitutions répandues en manuscrit par Guillaume de Labroue.

La *Bibliothèque historique* du P. Lelong la donne sous ce titre :

Constitutiones synodales Caturcenses, editæ et renovatæ per Antonium de Lusetgio, episcopum Caturcensem, anno 1502.

Petracoræ, per Joanem Carant, 1503, in-f°.

Ce nouveau livre de Jean Carant a environ 0,30 c. de hauteur, 0, 18 de largeur et 0,015 $^m/_m$ d'épaisseur. Il est imprimé en caractères gothiques un peu arrondis de 2 à 3 millimètres de hauteur. Les marges sont grandes et celles extérieures contiennent de nombreuses notes en lettres plus petites, avec des abréviations.

Le volume a 74 feuillets dont un pour le titre, deux pour la table des matières et deux pour l'appendice. Enfin, les titres des chapitres, sous le nom de *Rubrica*, se répètent en tête des pages sans dessin d'aucune sorte.

Au milieu du recto du premier feuillet sont écrits en gothique très accusée, sur deux lignes, ces simples mots : *Constitutiones synodales.* Tout le reste du feuillet est en blanc.

A la première page du deuxième feuillet commence la petite préface d'Antoine de Lusech, annoncée sous ce titre en lettres rouges :

Reverendi in Christo dni Antoni de Lusetgio, Dei gratia épiscopi Caturcen in novam sinodalis ecclesiæ Caturcen emendationem prefaciuncula.

Cette préface d'une page et demie est suivie du *prohemium*, puis des constitutions de Guillaume de Labroue, qui occupent une soixantaine de feuillets.

Immédiatement après sont deux alinéas, l'un mentionnant de nouveau les deux auteurs « Guillelmus et Antonius de Lusetgio », l'autre le nom de l'imprimeur et la date de la publication : Jean Carant, 1503.

L'évêque de Cahors ne se serait point borné à faire éditer chez Carant les constitutions synodales de son diocèse. Il aurait aussi confié dans le même temps au typographe de Périgueux l'impression des Missels à l'usage de son église, dont nulle part encore n'a été signalée l'existence.

La commande en fut pourtant faite à Carant, puisqu'il se préoccupa de s'adjoindre des commanditaires avant d'entreprendre cette nouvelle publication. Arrivé depuis peu d'années à Périgueux, il n'avait pas de relations assez étendues dans la contrée pour trouver lui-même des bailleurs de fonds. Il chargea de ce soin un prêtre nommé Martin, auquel il donna à cet égard devant notaire les pouvoirs les plus précis. Cette procuration est le seul acte authentique connu jusqu'à ce jour concernant les débuts de l'imprimerie locale. Il n'est pas seulement précieux sous ce rapport, mais il est de nature à donner une idée de l'importance de la première imprimerie en Périgord.

Par cet acte, dont je transcris ci-après le texte inédit, Me Carant promettait le tiers des bénéfices qu'il retirerait de cette publication, en ce que la personne qui apporterait ses fonds dans la société à créer paierait aussi le tiers de toutes les dépenses et des frais d'envoi des livres.

J'ignore quelle suite fut donnée à cette entreprise, dont la connaissance vient compléter d'une manière intéressante la carrière industrielle de Jean Carant.

III

Quand à la vie publique et privée du prototypographe de Périgueux, les renseignements capables de l'éclairer se réduisent à bien peu de chose.

Les moindres détails ont toujours du prix quand il s'agit d'un homme dont le nom a quelque droit à la reconnaissance de la postérité.

La situation distinguée qu'il occupa dans la société montre suffisamment l'estime dont jouit le père de l'imprimerie périgourdine. Il eut bientôt acquis le droit de cité, et paraît avoir été exempté du stage que les statuts imposaient à quiconque aspirait aux fonctions municipales. Car les registres mémoriaux de l'Hôtel de Ville apprennent qu'il fut admis dans le Conseil des trente prudhommes, chargés en cette qualité de l'élection des consuls.

Dans la liste des prudhommes donnée par le *Livre jaune* pour l'année 1498, apparaît « Maistre Jehan Carant », sans titre de profession. Il y figure encore en 1502 et en 1503, mais cette fois avec la qualification d'*imprimator*, imprimeur, profession libérale entre toutes qui était entourée alors de la considération universelle.

Il faudrait se contenter de cette simple mention faite sur les registres municipaux par le greffier du consulat, s'il ne m'avait été donné de pouvoir puiser à l'une des sources les plus précieuses de l'histoire locale, je veux parler des actes notariés de cette époque reculée.

Grâce aux actes de M° Rampnouil, notaire royal à Périgueux, dont un recueil a été heureusement conservé, on peut voir que Jean Carant dut aux produits de ses presses une certaine aisance : car il acquit des rentes et acheta même à Périgueux une maison, et dans les faubourgs de sa ville d'adoption une terre et un jardin.

C'est ce qui résulte des actes dont on m'a fourni les extraits suivants.

Du 3 juin 1501 : « *Probus vir Helias Maraud, cellarius ville Petragorarum* » vend à perpétuité « *Magistro Johanni Carant, emprimeur dicte ville Petragorarum* », un faix ou charge de froment de rente à lever sur une maison et une vigne situées dans la paroisse de Champcevinel.

Du 1ᵉʳ mai 1503 : « *Magister Johannes Carant, emprimeur* », habitant de Périgueux, et « *Johannes Genest, textor ejusdem ville* », échangent à perpétuité un verger situé dans les barris Saint-Martin, que Genest cède à Carant contre une chenevière, cédée par celui-ci et située « *prope La Croux del Duc* ». Le jardin payait aux maire et consuls de Périgueux une rente annuelle de 2 sols, 6 deniers tournois et autant d'acapte.

Particularité à signaler : les deux témoins de cet acte d'échange étaient deux libraires : Jean Bordarie et Léonard Bardon, clercs.

Du 20 décembre 1504. Nouvel échange entre Jean Carant et Jean Faure. Le premier cède un jardin situé au lieu de la Roulfie, confrontant au chemin qui mène de Périgueux au moulin Del Rossel, et reçoit une maison sise à Périgueux, rue Destramouly, laquelle était censive du chapitre de Saint-Front. Le libraire Bordarie est encore l'un des témoins de cet échange.

Enfin, le même jour, ledit sieur Faure vend à Carant le jardin que celui-ci venait par l'acte précédent de lui céder à titre d'échange. Ce jardin, acquis moyennant le prix de 25 livres tournois, était censif du chapitre de Saint-Etienne.

A partir de la date de ces deux derniers actes, on perd complètement la trace de Jean Carant. Mourut-il à Périgueux ou quitta-t-il la ville? C'est une question que les documents mis à ma disposition ne m'ont pas permis de résoudre.

IV

La disparition de Carant, dont les premiers successeurs ne purent égaler la réputation, eut pour résultat de ralentir quelque peu à Périgueux le mouvement de l'imprimerie, mais ne l'enraya point.

Car le *Livre jaune* de l'Hôtel de Ville, que je citais tout à l'heure ne tarde pas à fournir le nom d'un second imprimeur.

En effet, dans la liste des prud'hommes de l'année 1511 apparaît le nom de Jehan Teyssier, avec la qualification d'imprimeur.

Il appartenait à une ancienne famille de Périgueux, dont le nom traduit du mot latin *Textor* s'écrivait encore Texier.

Chevalier de Cablanc, dans son *Histoire de la Ville de Périgueux*, qualifie également, d'après le *Livre jaune*, M° Texier du titre d'imprimeur.

Et cependant les actes notariés, dont les extraits sont à la suite de ce mémoire et où Texier est partie, le représentent comme libraire. Dans l'un de ces actes M° Rampnouil l'appelle *librator*. Faut-il réellement traduire ce mot par libraire? Étant donné la mauvaise latinité du texte, il pourrait à la rigueur être traduit ainsi, bien qu'aucun dictionnaire n'admette une semblable interprétation.

Le *librator* était autrefois celui qui montait un pressoir. On sait que l'idée de la presse fut donnée à Gutemberg par la vue d'un pressoir et surtout du mouvement de la vis qui répond à un poids immense.

Il est à croire que Jean Texier avait dirigé les presses de Jean Carant, auquel il succéda en qualité d'imprimeur, et qu'il était en même temps, comme Svierler, « librayre et vendedor de libres ».

Il ne paraît pas avoir imprimé beaucoup d'ouvrages. Le canoniste Gibert mentionne un Rituel de Périgueux publié en 1509 (1). « On peut supposer avec toute vraisemblance, écrit un érudit périgourdin (2), que le rituel de 1509 avait été imprimé par Jehan Teyssier ». C'est celui qui se trouve à la bibliothèque de Périgueux, auquel manquent les 68 premiers feuillets, et dont François Texier fils devait, en 1536, donner une seconde édition sous le titre : *Manuale seu instructorium curatorum continens sacramenta ecclesiæ et modum ea administrandi*, ouvrage suivi bientôt de la publication de la grammaire d'Itier et du Missel de Périgueux (3).

Grâce à Jean Carant, l'imprimerie était désormais et définitivement fondée à Périgueux. Là, comme ailleurs, sa prospérité était garantie par les sages règlements qui la protégeaient et entretenaient parmi ses adeptes l'union la plus parfaite. Aussi vit-on le titre d'imprimeur se perpétuer dans certaines familles, et des générations d'imprimeurs, comme chez les Texier et les Dalvy, rivaliser de zèle pour soutenir à Périgueux l'honneur de leur profession.

(1) *Tradition ou histoire de l'Église sur le sacrement de mariage, tirée des monuments les plus authenthiques de chaque siècle*, 1725.

(2) M. Léon Lapeyre, cartons, I, à la bibliothèque de Périgueux.

(3) *Mathiæ Larii Itterii succintissima grammaticæ methodus, cui accedit in la. dem urbis Petragoreæ reique litterariæ oratio*, 1536. — *Missale Petragoricense*, 1541.

APPENDICE

Procuration par Carant au prêtre Martin a l'effet de former une
société en commandite pour l'impression du Missel de Cahors.

C'est grâce à M. Cailliac, bibliothécaire de la ville de Périgueux, que je
puis donner le texte littéral de cet acte curieux, dont la lecture offrait les
plus sérieuses difficultés.

*« Noverint universi et singuli, presentes pariter et futuri, hoc presens
publicum procuratorium instrumentum visuri, lecturi et audituri, quod in mei
notarii regii publici infrascripti et testium infranominatorum presencia, per-
sonaliter constitutus discretus vir magister Johannes Carant, imprimeur ville
Petragorarum, qui certificatus de jure suo, gratis et scienter constituit,
creavit, ordinavit et ore suo proprio nominavit procuratorum suum specialem
videlic.t venerabilem virum dominum Martinum, presbyterum, ad associandum,
et apporcionandum quoscumque homines et personas quas maluerit, in tercia
parte lucri de parte librorum missalium ordinis Ecclesie Caturcensis, cum hoc
quod theses homines et persone exsolverint pro tercia parte omnium expensarum
et missionum in dictis libris missalibus imprimendis, conficiendis et perficiendis,
promitt(ns habere ratum, gratum et firmum omne id et quidquid per dictum
dominum Martinum, procuratorem suum, actum et gestum fuerit, sub expressa
ypotheca et obligacione omnium et singulorum bonorum suorum quorumcumque
que propter hoc obligavit expresse. De quibis premissis idem dominus Martinus,
ibidem presens et onus predictum assumens in se, peciit mihi notario predicto
infrascripto hoc presens instrumentum, quod sibi concessi agendum. Actum et
datum in villa Petragorarum, die septima mensis novembris, anno Domini
millesimo quingentesimo secundo, presentibus ibidem et audientibus Aymerico,
dit Migo, et Petro de Montfarrier, alias de Reys, patre et filio, testibus ad
premissa vocatis. »*

EXTRAITS CONCERNANT CERTAINS LIBRAIRES DE PÉRIGUEUX

Vers 1502. — Reconnaissance de 14 sous tournois et demi au profit du
sieur Saviniac pour vente d'Ave Maria de Gaëte et autres causes.

*Condemnatus per dominum officialem petragoricensem, infra festum nati-
vitatis beate Marie Virginis proxime veniens, Johannes del Genest presens,
volens et consenciens ad dandum, tradendum et solvendum... de Savinhac,*

ville Petragorarum, ibidem presenti, quatuor decim solidos turonenses cum dimidio, causa veri metui et vendicionis quarundam Ave Maria de Gayete et expansarum factarum in ejusdem vino. (Cet extrait vient immédiatement à la suite de l'acte précédent, dont il paraît être une annexe).

VERS 1511. — Procuration par Jehan Texier et Pierre de Montagnac à Pierre de La Leycharie à l'effet de toucher le prix de livres vendus.

« . . . . ont constitué leur procureur Pierre de La Leycharie... prendre, lever et soy faire payer, pour et au nom du dict Texier la somme de cinq livres, quatorze... en laquelle somme le dict Jehan de Montilhant est tenu au dict Texier, à cause de la vendition et reale tradition de livres, et au dict Pierre de Montanhac la somme de neuf livres, dix sols et dix doubles, à cause de vendition et tradition de livres, et conte faict entre eulx et de reste de la somme de dix-neuf livres, deux doubles et demye tournois, comme appert par un acte du vingt-quatriesme jour de may, l'an mil cinq cens et neuf, signé par Moneyron, et dicelles sommes bailler et conceder quittance au dict Montilhant pour et aux noms des dicts Texier et Montanhac... »

15 AVRIL 1516. — Acquisition par Jean Texier d'une maison à Périgueux, quartier de l'Éguillerie.

« *Johannes Textor* (1), librator *ville Petragorarum* », achète à Jean Jouy, habitant de la paroisse de Bassillac, pour le prix de 25 livres tournois, une maison sise dans le quartier de l'Éguillerie, confrontant à la rue qui mène de celle de l'Éguillerie au puits de la Limogeane.

L'un des témoins est Jean Bougière, consul de Périgueux.

____

(1) Dans la marge *Textor* est traduit par Texier.